Lizenzausgabe als Ravensburger Taschenbuch Band 8303

Titel der Originalausgabe: Vivre au Sahara avec les Touaregs

Fachliche Beratung:

Prof. Dr. Matthias Laubscher

Völkerkundler, Tübingen

Redaktion der deutschen Ausgabe
und Übersetzung: Jürgen Witznick

88 89 90 5 4 3 2

Printed in Italy by Editoriale Libraria

ISBN 3-473-38303-1

Sahara – Leben in der Wüste

Text von Laurence Ottenheimer
Illustriert von Rozier Gaudriault

DIE WELT ENTDECKEN

Die Sahara in Afrika ist die größte Wüste der Welt.

Dort regnet es fast nie, die Lebensbedingungen für Mensch und Tier sind sehr hart.

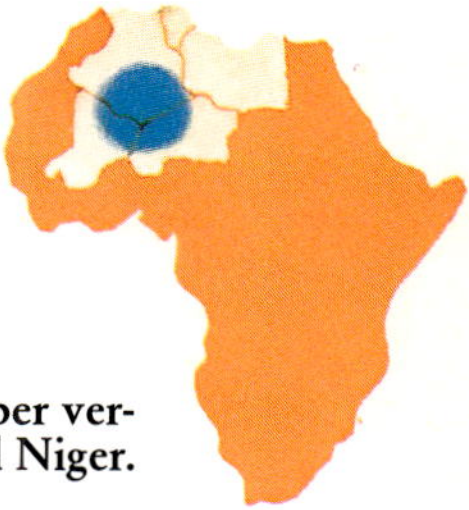

Das Kerngebiet der Sahara erstreckt sich über verschiedene Staaten: Algerien, Libyen, Mali und Niger.

Die Tuareg leben in der Sahara

und auch im **Sahel**, einem Gebiet, das an die Wüste angrenzt. Sie züchten Kamele, Ziegen, Schafe und Zebus. Immer auf der Suche nach Weideland für ihre Herden, ziehen sie umher: Sie führen ein Nomadenleben. Ihr gesamtes Hab und Gut nehmen sie überallhin mit.

Es gibt nur wenig Grünes; die Ziegen fressen deshalb sogar die harten Blätter der Akazienbäume.

Diese Höhlenmalereien stammen aus der Zeit, als die Sahara noch keine Wüste war.

Vor Zehntausenden von Jahren war die Sahara noch eine fruchtbare Region und von Löwen, Giraffen und Krokodilen bevölkert.

Schon seit vielen Jahren breitet sich die Wüste immer weiter aus.

Manchmal fällt jahrelang kein Tropfen Regen, nur im Sahel regnet es im Juni an einigen Tagen. Aber das Wasser in den Tümpeln verdunstet schnell und hinterläßt einen harten, rissigen Boden. Es hat keinen Zweck, dort zu säen oder etwas anzupflanzen. Da es fast nirgends Wasser gibt, würde alles verdorren und vertrocknen.

Wadis sind Flußbetten, die nur nach den seltenen Regenfällen Wasser führen.

Die Tuareg leben in Zelten.

Alle Bewohner eines Lagerplatzes sind miteinander verwandt; sie gehören einer Großfamilie an. Vater und Mutter leben mit ihren Kindern jeweils in einem eigenen Zelt. Die Tuareg bleiben so lange an einem Platz, wie die Tiere dort Nahrung finden. Wie alle Nomaden wandern sie weiter, wenn die Tiere

alles Grün abgefressen haben. Der Umzug ist nicht schwierig: Die Tuareg falten einfach ihre Zelte zusammen, die jeweils aus etwa dreißig gegerbten Ziegenfellen zusammengenäht sind. Am neuen Lagerplatz werden die Zelte wieder mit zurechtgeschnittenen Ästen am Boden befestigt.

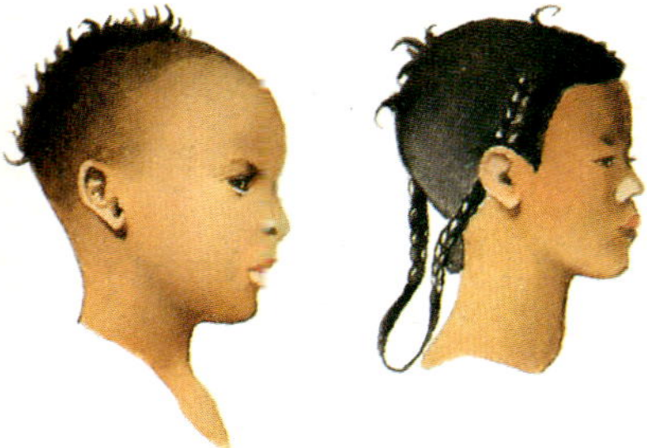

Die Kleidung der Tuareg schützt sie vor Sonne und Wind.
Sie tragen lange, weite Hemden. Den Jungen und Mädchen werden die Köpfe bis auf eine Locke geschoren. Die Männer erweisen sich gegenseitig ihren Respekt, indem sie ihr Gesicht bedeckt halten. Beim Essen und Trinken führen sie ihre Hand unter das Gesichtstuch. Die Frauen haben es da einfacher, sie tragen nur ein Kopftuch. Die Tuareg werden auch „blaue Menschen" genannt, denn sie färben ihre Kleidung mit Indigo, einem blauen Farbstoff aus Pflanzen. Dieser Farbstoff färbt auf die Haut ab.

In der Schule
lernen die Kinder Arabisch und Französisch.

Kinder beim Dame-Spielen

Ihre Eltern bringen ihnen aber auch die Schriftzeichen der Tuareg bei. Die Schrift besteht aus 25 Grundzeichen.

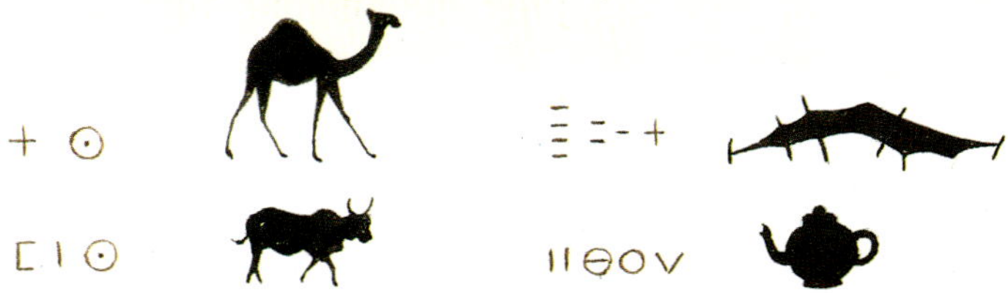

Hier sieht man, wie sie Dromedar, Zelt, Zebu und Teekanne schreiben.

Der Sand ist der Spielplatz der Kinder.

Sie zeichnen Fährten in den Sand und ahmen die Laute der verschiedenen Tiere nach. Abends lauschen sie den Geschichten, die die Frauen zum Klang einer einsaitigen Violine, der imzad, erzählen.

Die Zelte sind so niedrig, daß man in ihnen nicht aufrecht stehen kann.

Die ganze Familie schläft auf einem Brettergestell, das den Boden bedeckt. Nur die älteren Jungen schlafen unter freiem Himmel.

Das Essen der Tuareg ist einfach.
Ihre Mahlzeiten bestehen meist aus Hirsebrei und Weizenfladen, aus Kamelmilch, Datteln und Weizenbrot.

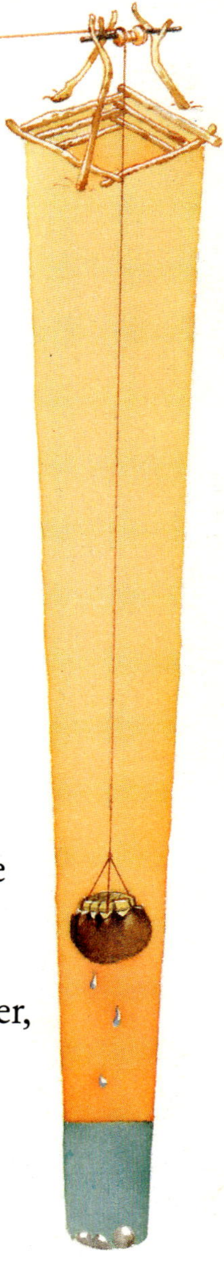

Sie trinken vor allem Tee.
Wenn ein Freund oder ein Gast in ihrem Lager eintrifft, werden als Willkommensgruß drei Glas Tee serviert.

Wasser ist lebensnotwendig.
Jeden Morgen machen sich die Frauen auf den Weg zu den Wasserstellen; meist liegen sie viele Kilometer entfernt. Dort werden Ziegenbälge in 60 Meter tiefe Brunnenschächte hinabgelassen. Sie fassen 25 Liter Wasser, und es braucht die Kraft eines Dromedars, um sie wieder heraufzuziehen.

Der Ziegenbalg wird eingefettet, damit das Wasser nicht ausläuft.

Am Brunnen muß man meist lange Zeit warten, bis man an die Reihe kommt. Oft wollen die Hirten der anderen Lager ringsum gerade ihre Herden tränken. Die Wasserstelle ist ein Ort der Begegnung, wo man plaudert und Neuigkeiten erfährt.

Auf dem Rückweg sammeln die Frauen verholzte Wurzeln, um abends ein Feuer zum Kochen machen zu können. Wenn sie nachmittags ins Lager zurückkehren, werden sie freudig begrüßt – seit dem Vorabend haben die Wartenden nämlich kein frisches Wasser mehr getrunken.

Auch der Schmied ist ein Nomade.

Er zieht von einem Lagerplatz zum anderen und bringt immer die neuesten Nachrichten mit.

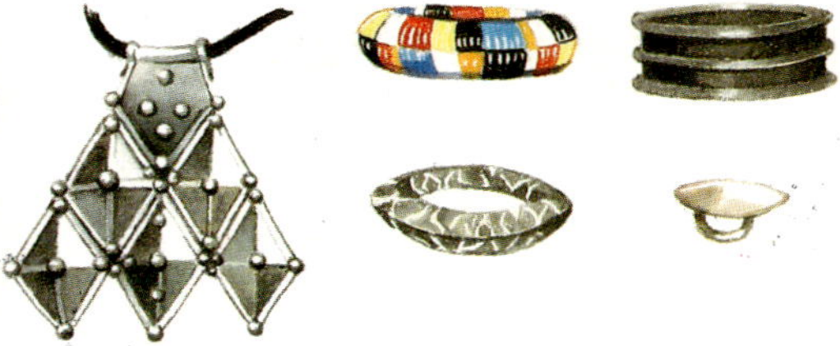

In den Ringen sind manchmal kleine Döschen eingearbeitet, in denen die Frauen Puder und Parfüm aufbewahren.

Der Schmied geht sehr geschickt mit seinem Werkzeug um und fertigt kunstvolle Gegenstände aus Holz und Metall: Schwerter, Lanzen, Messer und Schmuck. Über Generationen hinweg wird dieses Handwerk von Vater zu Sohn weitergegeben.

Seine Frau stellt schöne Lederarbeiten her.

Zahnbürste mit Etui.

Brustschild

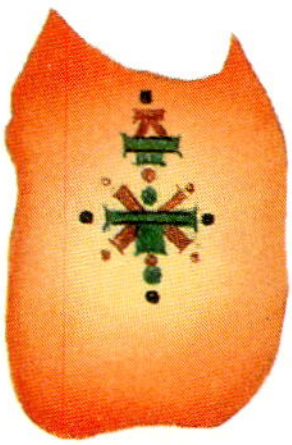

Sattel

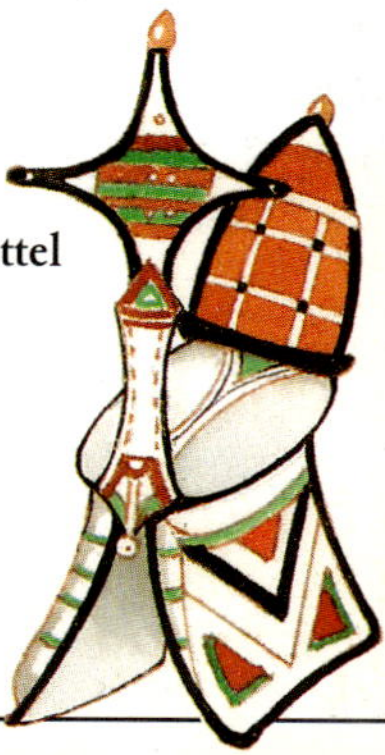

Die Tuareg sind auf das Dromedar angewiesen. Dieses unermüdliche Lasttier hat große Füße, die verhindern, daß es im Sand versinkt. Es kann 150 Kilo tragen, 50 Kilometer an einem Tag zurücklegen und mehrere Tage ohne Wasser auskommen. Bei einem Aufenthalt fesselt man ihm die Vorderbeine, damit es nicht davonläuft.

Es hat nur einen Höcker, während das Kamel zwei besitzt. Er enthält einen Fettvorrat, der während einer langen Wanderschaft ganz verbraucht wird. Der Höcker wird dann schlaff, und das Dromedar muß sich mehrere Tage lang ausruhen und viel Wasser trinken.

Das Dromedar dient aber nicht nur als Lastenschlepper. Es ist auch wichtig als Reittier. Die Stuten geben Milch, und der Kot wird als Brennmaterial verwendet.

Wie besteigt man ein Dromedar?

Es muß zuerst ganz auf die Knie gebracht werden. Der Reiter wird wie auf einem Schiff geschaukelt, denn das Dromedar bewegt sich im Wiegeschritt: Es zieht die Beine einer Seite gleichzeitig vorwärts. Wegen dieses schaukelnden Ganges heißt es „Wüstenschiff".

Durch Sandstürme werden die Felsen in eigenartige Formen geschliffen.

Die Tuareg finden auch in der Wüste ihren Weg.

Abgestorbene Bäume, Steinhaufen und Felsen geben gute Orientierungspunkte ab, und in der Nacht zeigen ihnen die Sterne den Weg. Nicht immer erreichen sie ihr Ziel innerhalb einer Tagesreise, dann verbringen sie die Nacht im Freien.

Ein heißes Land, in dem es auch sehr kalt wird.

Abends fällt die Temperatur sehr schnell von fünfzig auf null Grad ab. Ihre Kleidung schützt die Tuareg kaum vor der Kälte, darum wickeln sie sich in Decken ein und trinken heißen Tee.

Karawanen, die Salz bringen, sind viele Wochen unterwegs.

Ziegen und Dromedare sind auf Salz ganz versessen.

In heißen Ländern ist Salz besonders wichtig. Mensch und Tier müssen immer genügend davon zu sich nehmen, weil sie in der Hitze viel Salz ausschwitzen.

Salz wird auf einfache Weise gewonnen. In eigens angelegten Erdmulden verdunstet das an einigen Stellen sehr salzhaltige Quellwasser. Das Salz setzt sich am Boden ab und wird in Formen gepreßt. Händler kaufen es auf und liefern dafür Getreide: Hirse, Sorghum, Mais und Weizen. Auch mit Datteln wird gehandelt.

2
3
1

Skorpion

In der Sahara leben viele Tiere.

Manche von ihnen sind gefährlich, wie etwa der Skorpion mit seinem Giftstachel. Bevor die Nomaden ein Lager aufschlagen, suchen sie den Platz nach Hornvipern (1) und Taranteln ab.

Oft verwüsten Heuschreckenschwärme große Gebiete und fressen Bäume und Sträucher, Felder und Gärten kahl.

Tarantel

Heuschrecke

Manche Tiere jagen nur nachts, dann hört man auch das Gelächter der Hyänen (2) und das Heulen der Schakale (3).

Die Heuschreckenschwärme sind manchmal so dicht, daß sie die Sonne verdunkeln.

In der Wüste leben aber nicht nur gefährliche Tiere.

Fledermaus

Der Fennek oder Wüstenfuchs (1) hat große Ohren, mit denen er kleine Nager, seine Beutetiere, erlauschen kann. Die hüpfende Springmaus (2) kann sich sehr schnell vorwärtsbewegen, mit dem Schwanz hält sie das Gleichgewicht. Mit einigen Tautropfen gibt sich die Gazelle (3) zufrieden, wenn sie ihren Durst löschen will. Die Horneidechse (unten) versteckt sich im Sand und lauert Ameisen und Skarabäen (großen Mistkäfern) auf.

In den Gebirgen der Sahara lebt das Mufflon.

3
2
1

In den Oasen werden große Gärten angelegt.
Dort gedeihen Gemüse und Früchte, weil es immer genügend frisches Quellwasser gibt.

Von den Bergen der Umgebung fließt das Wasser in unterirdischen Kanälen zu den Oasen. Durch Schächte kann man in diese künstlich angelegten Kanäle hinabsteigen, um sie instand zu halten.

Die unterirdischen Kanäle werden „foggara“ genannt.

In den Oasen werden meist Dattelpalmen angepflanzt. Zur Erntezeit im Oktober klettern Männer die Stämme hinauf, sägen die Dattelbüsche ab und lassen sie an einem Seil hinab.

Unsere einheimischen Schwalben und Störche verbringen den Winter in den Oasen in Afrika.

Datteln

Die Menschen leben im Schatten der Dattelbäume in kühlen Häusern aus Stein oder Erde. Die Gebäude haben flache Terrassendächer und nur sehr kleine Fenster, um die Hitze abzuhalten.

Fünfmal am Tag ruft der Gebetsrufer, der Muezzin, die Gläubigen vom Minarett herunter zum Gebet auf. Die Gläubigen, die Moslems, beten zu Allah.

Auf dem Markt bieten die Nomaden manchmal einige Tiere ihrer Herde an und besorgen sich die Dinge, die sie zum täglichen Leben brauchen. Bei dieser Gelegenheit besuchen sie auch die **Moschee**, die Kirche der Moslems. Sie beten aber auch im Freien; dazu knien sie nieder und verbeugen sich in Richtung Mekka, der heiligen Stätte ihrer Religion, bis sie mit der Stirn den Boden berühren.

In der Koranschule unterrichtet ein Marabut die Kinder im heiligen Buch der Moslems, dem Koran.

Die Kinder schreiben Koranverse auf und lernen sie auswendig.

Das Dromedar

Durch die Wüste, Jahr um Jahr,
latscht das brave Dromedar.
Wie ein Schiff auf hohem Meer
schwankt es riesengroß daher.

Seine Miene ist meist grämlich,
und man sagt, es wäre dämlich.
Hitze, Kälte kann's ertragen,
ohne je sich zu beklagen.

Bläst der Sandsturm noch und nöcher,
schließt es seine Nasenlöcher,
frißt bescheiden, sanft und milde
selbst die stachligsten Gebilde.

Läßt mit Kisten sich bestücken
seinen buckeligen Rücken.
Obendrauf noch einen Reiter,
und so weiter... und so weiter.

Manchmal doch und mit der Zeit
geht's dem Dromedar zu weit.
Wenn die Last es zu sehr druckt,
legt sich's nieder, schreit und spuckt.

Und so mancher stolze Reiter
steht dann da und kommt nicht weiter,
schaut nicht klüger um ein Haar
als das brave Dromedar.

Dietlind Neven du Mont

Die Welt entdecken

In dieser Reihe sind bisher erschienen:

Band 1: Wie leben die Tiere im Winter?
Band 2: Keine Angst vor Krokodilen
Band 3: Sahara – Leben in der Wüste
Band 4: Eskimos – Leben im ewigen Eis
Band 5: Wo die Schokolade wächst
Band 6: Warum trinken alle Kinder Milch?
Band 7: Kartoffeln wachsen nicht im Keller
Band 8: Die Geschichte vom Papier
Band 9: Das Schwein und seine Verwandten
Band 10: Leben auf den Sonneninseln
Band 11: Glas – Das durchsichtige Geheimnis
Band 12: Reis – Ein kleines Korn ernährt die Welt
Band 13: Stolze Burgen, edle Ritter
Band 14: Bäume im Jahreslauf
Band 15: Geheimnisvolle Insektenstaaten
Band 16: Wind und Wetter
Band 17: Unser täglich Brot
Band 18: Bären – Die unsanften Riesen
Band 19: Auf der Spur der Indianer
Band 20: So leben die Affen
Band 21: Sanfte Kühe – Wilde Stiere
Band 22: Feuerwehren im Einsatz
Band 23: Elefanten – Geliebte Dickhäuter
Band 24: Vögel im Nest
Band 25: Die Sonne – Quelle unseres Lebens
Band 26: Wale – Die letzten Riesen der Meere
Band 27: Nach Westen! – Cowboys, Trapper, Pioniere
Band 28: Indien – Land voller Geheimnisse
Band 29: Wie lebten die Römer?
Band 30: Quomodo vivebant Romani?
Band 31: Ägypten zur Zeit der Pharaonen
Band 32: Tiere, vor denen wir uns fürchten
Band 33: Keine Angst vorm bösen Wolf
Band 34: Ein Kind wird geboren
Band 35: Die Nacht, der Mond und die Sterne
Band 36: Leben unter der Erde
Band 37: Woher kommt der Zucker?
Band 38: Woher kommt das Salz?
Band 39: Völkerwanderung: Unsere Vorfahren, die Barbaren